BEI GRIN MACHT SICH IHR WISSEN BEZAHLT

Konzeption und Entwicklung einer mobilen Anwendung mit Open311

Bibliografische Information der Deutschen Nationalbibliothek:

Die Deutsche Nationalbibliothek verzeichnet diese Publikation in der Deutschen Nationalbibliografie; detaillierte bibliografische Daten sind im Internet über http://dnb.d-nb.de abrufbar.

ISBN: 9783346751430
Dieses Buch ist auch als E-Book erhältlich.

© GRIN Publishing GmbH
Nymphenburger Straße 86
80636 München

Druck und Bindung: Books on Demand GmbH, Norderstedt Germany
Gedruckt auf säurefreiem Papier aus verantwortungsvollen Quellen

Das vorliegende Werk wurde sorgfältig erarbeitet. Dennoch übernehmen Autoren und Verlag für die Richtigkeit von Angaben, Hinweisen, Links und Ratschlägen sowie eventuelle Druckfehler keine Haftung.

Das Buch bei GRIN: https://www.grin.com/document/1290091

Projektbericht

Open311 – Klarschiff App

Kurs:	DLMIWMB02 – Mobile Software Engineering II
Studiengang:	Wirtschaftsinformatik (M.Sc.)
Tutor:	
Verfasserin:	
Matrikelnummer:	
Abgabedatum:	24.07.2022

Inhaltsverzeichnis

Abbildungsverzeichnis

Tabellenverzeichnis

Abkürzungsverzeichnis

DAO   Data Access Object

IREB   International Requirements Engineering Board

OGD   Open Government Data

SDK   Service Development Kit

Unter dem folgenden Link ist der Code der Open311 – Klarschiff App zu finden. Sofern der Code als ZIP-Datei heruntergeladen wurde, kann die Datei entpackt und über Android Studio geöffnet werden: https://github.com/KleinEvelyn/Open311Klarschiff.git

1. Projektziele und -vorbereitungen

Der öffentliche Sektor erfährt durch die Digitalisierung eine Reformation. Ein wichtiger Aspekt der Digitalisierung der Verwaltung ist die Verfügbarkeit von Verwaltungsdaten in Form von Open Government Data (OGD), da öffentliche Einrichtungen eine große Menge an Informationen und Daten produzieren und in Auftrag geben (Neumann & Mettler, 2021, S. 1092). OGD fördert die Transparenz, Rechenschaftspflicht und Wertschöpfung öffentlicher Einrichtungen für Bürgerinnen und Bürger, indem staatliche Daten für alle zugänglich gemacht werden. Durch diese Förderung der kostenlosen Nutzung, Wiederverwendung und Verbreitung von Datensätzen wird die Gründung innovativer und bürgernaher Dienstleistungen unterstützt (Organisation for Economic Co-operation and Development, o. D.). Zunehmend stellt sich jedoch die Frage, wie öffentlich verfügbare Verwaltungsdaten auch über die Transparenz hinaus eine positive Wirkung im öffentlichen Interesse haben können (Neumann & Mettler, 2021, S. 1092).

Open311 ermöglicht eine offene Kommunikation mit öffentlichen Diensten und lokalen Behörden und bezieht sich dabei auf ein standardisiertes Protokoll für die standortbezogene kollaborative Verfolgung von Anliegen. Durch die Bereitstellung eines kostenlosen Web-API-Zugangs zu einem bestehenden 311-Dienst ist Open311 eine Weiterentwicklung der telefonbasierten 311-Systeme, welche viele nordamerikanischen Städte anbieten (Open311, o. D.). Open311 stellt mit GeoReport v2 einen Standard für das standortbezogene Managen von Anliegen bereit. Die GeoReport API v2 ermöglicht es Anwendungen, die Anzeige und Meldung von Anliegen zu erstellen, für deren Behebung staatliche Stellen wie Städte zuständig sind (Open311, 2016).

Weitgehend erlauben Städte und Gemeinden nur einen lesenden Zugriff, wenngleich Open311 mit einem zugewiesenen API-Schlüssel auch einen Schreibzugriff gestattet. Die Stadt Rostock lässt einen Schreibzugriff auf ihre Server öffentlich über eine API zu und diese Programmierschnittstelle implementiert den Standard Open311 GeoReport v2 vollständig (Hanse- und Universitätsstadt Rostock, 2022a). Mit Klarschiff.HRO bietet die Stadt Rostock der Bevölkerung eine Plattform zum Melden von Anliegen in der Infrastruktur und dient der vereinfachten Kommunikation zwischen Bürgerinnen und Bürgern mit der Stadtverwaltung (Hanse- und Universitätsstadt Rostock, 2022b). Diese Plattform ist momentan nur über einen Browser zugänglich, eine Anwendung für mobile Endgeräte ist allerdings noch nicht existent.

Das Projektziel umfasst die Konzeption und Entwicklung einer mobilen Anwendung, mit welcher den Bürgerinnen und Bürgern der Stadt Rostock ein Meldeportal für Anliegen bereitgestellt werden soll. Hierfür wurde ein zeitlicher Rahmen von acht Wochen vorgesehen. In Anlehnung an die Plattform Klarschiff.HRO soll die App den Benutzenden die Möglichkeit bieten, zu jeder der angebotenen Service-Kategorien ein Anliegen einzureichen und den Status des Anliegens in einer Übersicht einsehen zu können. Jene Übersicht soll den Usern zudem die Möglichkeit bieten, alle Probleme, welche an die Stadtverwaltung gemeldet worden sind, einzusehen und jene mithilfe einer Suchfunktion zu filtern.

2. Projektdurchführung

2.1. Phasenplanung

Mobile Anwendungen durchlaufen in ihrem Lebenszyklus diverse Phasen. Nach Vollmer (2017, S. 4) handelt es sich dabei um die Analyse und Festlegung der Anforderungen, die Konzeption und das Design der App. Darauf aufbauend folgen die Phasen der Implementierung, des Tests und des Go-live. Von diesem Entwicklungsprozess abgewandelt wird das vorliegende Projekt in vier Phasen aufgeteilt: Planung, Konzeption, Implementierung und Go-live.

Die Planung dieser vier Phasen wird mithilfe eines Projektstrukturplans dargestellt. Hierdurch wird ein Projektrahmen bereitgestellt, in welchem definiert ist, welcher Output erzeugt werden soll. Darüber hinaus kann das Projekt in Arbeitspakete unterteilt werden, wodurch das Projektmanagement erleichtert wird (Project Management Institute, 2017, S. 156). Der Projektstrukturplan für das Projekt ist aufgrund des Lebenszyklus mobiler Apps phasenorientiert aufgebaut (Bea et al., 2020, S. 154). Die Projektphasen geben dabei den Projektverlauf wieder und dienen als Grundlage für den in Kapitel 2.2.3. dargestellten Projektterminplan (Bea et al., 2020, S. 99).

Das in vier Phasen aufgeteilte Projekt beginnt mit der Organisation des Projektmanagements und damit mit der Planungsphase. Diese umfasst neben einer Analyse der Stakeholder die Festlegung der Anforderungen im Rahmen des Requirements Engineering sowie die Erstellung eines Ablauf- und Terminplans der einzelnen Arbeitspakete und eine Ressourcen- und Kostenplanung. Die Konzeptionsphase umfasst die Darstellung des Interaktionsdesigns sowie des grafischen Designs der mobilen Anwendung. Die Dokumentation der Programmierung und des Tests der Applikation werden in der Phase der Implementierung beleuchtet. Mit dem Go-live der App, der vierten Projektphase, wird das Projekt abgeschlossen. Abbildung 1 zeigt den Projektstrukturplan.

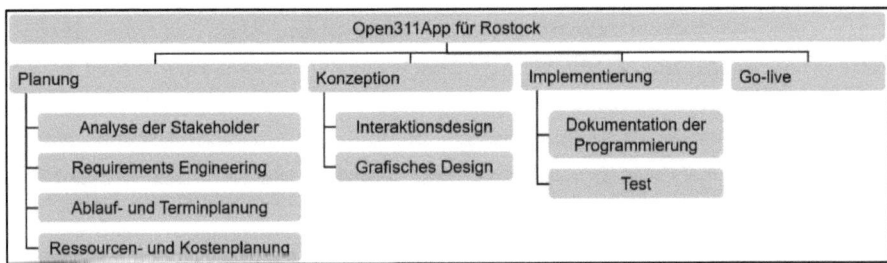

Abbildung 1: Projektstrukturplan. Quelle: Eigene Darstellung.

2.2. Phase 1 – Planung

Die Projektplanung ist der systematische Prozess der Analyse und Strukturierung eines Projekts. Dabei dient die Phase der Effizienzsteigerung und Schaffung einer Grundlage für die Umsetzung und Kontrolle des Projekts (Bea et al., 2020, S. 145). Im Rahmen dieser Arbeit werden die Stakeholder, Anforderungen an die App sowie die Teilprozesse Ablauf-, Termin-, Ressourcen- und

Kostenplanung betrachtet. Die Terminplanung ergänzt den Projektablauf um zeitliche Vorschriften, in welchen die einzelnen Arbeitspakete zu erledigen sind. Welche Ressourcen in welchem Ausmaß dem Projekt zur Verfügung stehen wird innerhalb der Ressourcenplanung festgehalten. Aufgrund dessen, dass der Einsatz von Ressourcen Kosten verursacht, wird in einem letzten Schritt die Planung der Kosten durchgeführt (Bea et al., 2020, S. 151–152).

2.2.1. Analyse der Stakeholder

Die Projektplanung erfordert eine Auseinandersetzung mit unternehmensinternen und -externen Einflussfaktoren, welche während dem Projektverlauf beachtet werden müssen und innerhalb einer Umfeldanalyse betrachtet werden. Diese umfasst im Rahmen des vorliegenden Projektberichts eine Analyse der Stakeholder und bildet eine wichtige Grundlage für ein erfolgreiches Managen von Chancen und Risiken. Stakeholder werden als Personen definiert, welche indirekt oder direkt von dem Projekt betroffen sind und ein Interesse gegenüber dem Projekt verfolgen (Bea et al., 2020, S. 122–123). Eine Analyse dieser Personen ermöglicht ein Erkennen gegenseitiger Erwartungen und Befürchtungen, wodurch für jede Interessengruppe entsprechende Maßnahmen erarbeitet werden können (Patzak & Rattay, 2018, S. 713).

Die Bevölkerung der Stadt Rostock sind jene Personen, die als User unmittelbar von der mobilen App betroffen sein werden und die Zustimmung jener ist unerlässlich. Dies ist darin begründet, dass unabhängig von der Effizienz die App nicht genutzt wird, wenn jene nicht den Erwartungen der Nutzenden entspricht. Diese Personen stellen somit die Zielgruppe dar und es ist von essenzieller Bedeutung, diese Interessengruppe miteinzubeziehen. Die Erwartungen der Bewohnerinnen und Bewohner der Stadt umfassen eine einfache mobile Anwendung, worüber Probleme selbsterklärend von einem mobilen Endgerät aus an die Stadtverwaltung gemeldet werden können. Dies erfordert die von Patzak und Rattay (2018, S. 713) vorgestellte partizipative Strategie, um die Bevölkerung in Entscheidungen, insbesondere in Bezug auf eine einfache und selbstverständliche Benutzeroberfläche, einzubinden.

Eine weitere Interessengruppe ist die Stadtverwaltung Rostocks. Durch das digitale Einreichen in einer einheitlichen Art und Weise können die Probleme der Bevölkerung schneller verstanden, verarbeitet und an entsprechende Abteilungen, wie beispielsweise der Stadtentsorgung, weitergeleitet werden. Die Erwartungen der Stadtverwaltung werden durch geringen bis keinen Organisationsaufwand und ausreichend Informationen zu sowohl dem Projekt als auch den einzelnen gemeldeten Anliegen ausgedrückt. Daher wird eine restriktive Strategie verfolgt, um die Stadtverwaltung insgesamt sowie einzelne Bereiche oder Einzelpersonen situationsgerecht zu informieren (Patzak & Rattay, 2018, S. 713).

Des Weiteren ist das zuständige Development-Team der mobilen Anwendung relevant, da ohne die Entwickelnden die App nicht erstellt werden kann. Das Team setzt die gestellten Anforderungen technisch um und entscheidet dabei, ob jene technisch umsetzbar sind. Dem Development-Team unterliegt zudem die grafische Gestaltung der mobilen Anwendung.

2.2.2. Requirements Engineering

Das International Requirements Engineering Board (IREB) bezeichnet Requirements Engineering als eine systematische Vorgehensweise der Spezifikation und Verwaltung von Anforderungen und verfolgt das Ziel, die Bedürfnisse der Stakeholder zu verstehen (Glinz, 2020, S. 30). Nach IREB ist eine Anforderung ein wahrgenommener Bedarf der in Kapitel 2.2.1. definierten Stakeholder, eine Eigenschaft, welche ein System haben soll sowie eine dokumentierte Darstellung eines Bedarfs oder einer Eigenschaft (Glinz, 2020, S. 6). Die nachfolgenden Anforderungen werden in funktionale und nicht-funktionale kategorisiert, wobei funktionale Anforderungen konkrete Funktionen umfassen, die eine App besitzen muss, besitzen sollte oder nicht besitzen darf. Qualitätsmerkmale wie Benutzerfreundlichkeit, Robustheit, Verfügbarkeit sowie die Spezifikation der Betriebssystemversionen, unter welchen die App funktions- und lauffähig sein soll, stellen nicht-funktionale Anforderungen dar (Vollmer, 2017, S. 85–86).

Das Hauptziel, welches die App verfolgt, ist die Bereitstellung eines mobilen Meldeportals an die Stadtverwaltung für Anliegen der Bürgerinnen und Bürger von Rostock.

Die App soll den Benutzenden die Möglichkeit bieten, zu jeder angebotenen Service-Kategorien ein Anliegen einreichen zu können. Die eigenen Anliegen und deren Status sollen in einer Übersicht einsehbar sein, ebenso wie die Anliegen aller Bürgerinnen und Bürgern. Über die Startseite muss das System den Usern die Möglichkeit bieten, eine neue Meldung zu erstellen oder eigene bereits gemeldete anzusehen sowie alle Meldungen zu durchsuchen. Neben der Startseite sollen somit drei Unterseiten aufrufbar sein. Auch Einstellungen für die Eingabe des Namens, der E-Mail-Adresse und Telefonnummer sollen den Usern sowohl von der Startseite als auch den Unterseiten bereitstehen, sodass diese automatisch bei der Erstellung einer Meldung übernommen werden können. Der Prozess einer neuen Meldung soll analog der Plattform Klarschiff.HRO durch die Nutzung der API aufgebaut sein, sodass den Usern ein ähnlicher Aufbau zwischen der mobilen Anwendung und jener im Browser gewährleistet werden kann. Die Unterseite der eigenen Meldungen soll, sofern vorhanden, die erstellten Meldungen auflisten und diese Liste nach der Service-Kategorie oder dem Status sortierbar sein. Auch hier soll die Möglichkeit bestehen, eine neue Meldung erstellen zu können. Die Sortierung der Liste ist auch in der Übersicht aller Meldungen möglich. Hierbei soll das System zudem den Usern eine Suchfunktion bereitstellen, um nach Stichworten suchen zu können. Des Weiteren sollen hierbei der Status und alle Details der jeweiligen Meldung zu sehen sein.

Die App soll benutzerfreundlich, einfach und selbsterklärend aufgebaut sein. Dadurch sollen Nutzende keine Verständnisprobleme der Funktionen oder Icons haben und durch die Prüfung auf Fehleingaben oder fehlende Eingaben und die Ausgabe entsprechender Hinweise soll die App der nicht-funktionalen Anforderung der Robustheit gerecht werden. Die Spezifikation der Betriebssystemversionen, unter welchen die App vollumfänglich funktionsfähig sein soll, wurde im Vorfeld auf eine Mindestversion von 7.0 festgelegt.

2.2.3. Ablauf- und Terminplanung

Die Ablauf- und Terminplanung visualisiert den zeitlichen Ablauf der in Abbildung 1 dargestellten Arbeitspakete (Patzak & Rattay, 2018, S. 240). Dabei wurde auf einen zeitfixierten Balkenplan im Sinne der Gantt-Technik zurückgegriffen. Die Arbeitspakete werden mit der geplanten Dauer als Balken dargestellt, wodurch eine gute Übersicht über den zeitlichen Ablauf des Projekts ermöglicht wird (Bea et al., 2020, S. 189).

Tabelle 1 stellt den für das Projekt entwickelte Ablauf- und Terminplan dar. Die erste Spalte bildet die dem Projektstrukturplan zu entnehmenden Arbeitspakete und die erste Zeile die Zeitleiste des Projekts ab. In der Projektvorbereitung wurde bereits die Projektdauer von acht Wochen genannt, welche in Tabelle 1 anhand der Zeitleiste zu erkennen ist. Die zur Verfügung stehenden acht Wochen wurden wochenweise in acht Projektabschnitte aufgeteilt, wobei für die Planungsphase zwei Wochen und aufgrund des erhöhten Aufwands für die Implementierung drei Wochen eingeplant worden sind. Daraus ergibt sich der 22. Juli 2022 als Termin für die Produktivstellung mit einer anschließenden Supportphase von zwei Tagen.

	30.05.-05.06.	06.06.-12.06.	12.06.-19.06.	20.06.-26.06.	27.06.-03.07.	04.07.-10.07.	11.07.-17.07.	18.07.-24.07.
Analyse der Stakeholder	▓							
Requirements Engineering	▓							
Ablauf- und Terminplanung		▓						
Ressourcen- und Kostenplanung		▓						
Interaktionsdesign			▓					
Grafisches Design				▓				
Programmierung					▓			
Test							▓	
Go-live								▓

Tabelle 1: Ablauf- und Terminplan. Quelle: Eigene Darstellung.

2.2.4. Ressourcen- und Kostenplanung

Im Projektverlauf werden diverse Ressourcen benötigt, welche für einen erfolgreichen Projektabschluss essenziell sind, weshalb eine Ressourcenplanung in der Planungsphase unabdingbar ist. Diese Ressourcen umfassen Sach- und Finanzmittel, Personen sowie projektrelevantes Wissen wie Daten (Patzak & Rattay, 2018, S. 272–273). Die Ressourcenplanung identifiziert und optimiert die während eines Projekts benötigten Ressourcen hinsichtlich der Quantität und Qualität (Bea et al., 2020, S. 192).

Für dieses Projekt wurde entschieden, dass alle Arbeitspakete von einer Einzelperson erledigt werden sollen. Diese Person übernahm sowohl die analytischen und planerischen Tätigkeiten als auch die Konzeption und Entwicklung der App. Dies zeigt sich darin, dass die Anforderungen überschaubar sind, sodass das Projekt von einer Person innerhalb der zur Verfügung stehenden Zeit bearbeitet werden konnte. Lediglich der Ausfall dieser Person kann zu einer Nichteinhaltung des Zeitrahmens führen. Im Rahmen des Projekts wurden Arbeitsmittel für das Projektmanagement, die Konzeption und Entwicklung benötigt. Das Programm Microsoft PowerPoint wurde verwendet, um den Projektstrukturplan zu erstellen. Die kostenfreie integrierte Entwicklungsumgebung Android Studio wurde für die Implementierung des Projekts genutzt. Die Entwicklung mobiler Android-Apps mit Android Studio basiert im Wesentlichen auf der Programmiersprache Java. Die Programmierung konzentriert sich stärker auf das mobile Endgerät, auf dem die App später laufen soll, als bei der traditionellen Java-Programmierung. Android Studio enthält mehrere Komponenten wie unter anderem sogenannte Emulatoren. So können die mobilen Anwendungen direkt aus der Entwicklungsumgebung heraus getestet werden. Es besteht allerdings auch die Möglichkeit, das eigene reale mobile Endgerät zu detailreicheren Testzwecken zu nutzen (Vollmer, 2017, S. 167).

Die Kostenplanung grenzt an die Termin- und Ressourcenplanung an, um durch die Ermittlung der Kosten je Arbeitspaket die Gesamtkosten des Projekts ermitteln zu können. Ebenso wie die Ablauf- und Terminplanung basiert die Kostenplanung auf dem Projektstrukturplan. Neben den Personalkosten sind auch die Kosten für Sachmittel zu berücksichtigen (Drews et al., 2021, S. 77–78).

Die Einzelperson, welche für die Projektdurchführung verantwortlich war, wurde mit 200 € pro absolvierten Arbeitstag vergütet. Es wurde davon ausgegangen, dass je Projektwoche alle sieben Tage für das Projekt genutzt wurden. Bei der angenommenen Projektdauer von acht Wochen würden demnach Personalkosten in Höhe von 11.200 € entstehen. Bei der Auswahl der Tools, welche für das Projektmanagement, die Konzeption und Entwicklung zum Einsatz kamen, wurde darauf wertgelegt, dass für die Nutzung keine Kosten entstehen und dadurch das Projektbudget nicht beeinflusst wird. Für die Produktivstellung der App fallen jedoch noch zusätzliche Kosten an. Mehrere Google-Konten sind erforderlich, bevor Apps in den Google App Store hochgeladen werden können. Besteht nicht bereits ein allgemeines Google-Konto oder soll das private Google-Konto nicht für die Anwendungsverwaltung genutzt werden, muss zunächst über die Google-Anmeldeseite ein neues Konto erstellt werden. Anschließend ist eine Registrierung über die Google Play Console erforderlich, denn jene ist für das Einreichen von Apps im Play Store erforderlich. Für die Registrierung fallen einmalige Kosten in Höhe von 25 US-Dollar an, welche dem Projektbudget angerecht werden müssen (Google, 2022c). Gebühren für die Google Play-Dienste werden Entwickelnden als Prozentsatz des Kaufpreises oder der digitalen Käufe in der App in Rechnung gestellt (Google, 2022b). Da die App allerdings kostenfrei und ohne In-App-Käufe für die Bürgerinnen und Bürger von Rostock zur Verfügung gestellt werden soll, fallen hier keine weiteren Kosten an. Die Projektkosten belaufen sich somit auf 11.225 €.

2.3. Phase 2 – Konzeption

Die Konzeption umfasst im Rahmen des Projektberichts den Entwurf des Interaktionsdesigns und der grafischen Benutzeroberfläche auf Basis der in der Planungsphase ermittelten Anforderungen (Vollmer, 2017, S. 107). Die Konzeption und das Design mobiler Anwendungen stellen umfassende und zeitintensive Aufgaben dar. Die Konzeption einer App mithilfe von Prototypen der grafischen Benutzeroberfläche hilft jedoch, die Anforderungen und Erwartungen der User möglichst umfassend zu erfüllen. Des Weiteren bietet der Prototyp den Entwickelnden die Möglichkeit, ein Bild der bevorstehenden Entwicklungsarbeit zu erhalten (Vollmer, 2017, S. 152).

2.3.1. Interaktionsdesign

Die Modellierung eines Interaktionsdesigns dient der Visualisierung der Steuerung und des Verhaltens der App (Vollmer, 2017, S. 108). Im Rahmen des Projektberichts wird hierfür auf ein UML-Zustandsdiagramm zurückgegriffen, wobei jede Bildschirmseite durch einen Zustand und die Zustandsübergänge durch die Eingabe von Daten oder das Betätigen eines Buttons oder Icons dargestellt werden (Vollmer, 2017, S. 116–117).

Die App besteht aus 12 Bildschirmseiten sowie einer Navigationsschublade. Zur Vereinfachung veranschaulicht Abbildung 2 lediglich sechs Bildschirmseiten sowie die Navigationsschublade. Die Neuanlage einer Meldung besteht aus den verbleibenden sechs Bildschirmseiten, unter welchen der User zunächst eine Service-Gruppe und -Kategorie auswählen, anschließend Angaben zum Ort machen sowie eine Beschreibung hinterlegen muss. Optional kann zudem ein Foto hinzugefügt und anschließend die Kontaktdaten eingegeben werden. Die letzte Seite fasst alle angegebenen Informationen zusammen, woraufhin die Meldung abgeschickt werden kann.

Generell ist die Startseite die erste Seite, welche den Benutzenden angezeigt wird. Über diese Startseite gelangt der User zu der Erstellung einer Meldung, der Übersicht der eigens erstellten Meldungen, der Suche aller Meldungen sowie der Navigationsschublade, über welche sowohl die eigenen und alle Meldungen einsehbar sind als auch die Startseite erreichbar ist. Die Einstellungen, über welche Vor- und Nachname sowie die E-Mail-Adresse und optional eine Telefonnummer hinterlegt werden kann, sodass diese bei der Erstellung einer Meldung vorbelegt werden, sind über die Startseite, Suche, Detail-Ansicht und die Seite der eigenen Meldungen zugänglich. Über diese Seite können die Meldungen nach Kategorie oder dem Status sortiert sowie eine neue Meldung angelegt werden. Die Suche wird im Gegensatz zu der eigenen Übersicht um ein Suchfeld erweitert und es besteht hier keine Möglichkeit, ein Anliegen zu melden. Die Detailansicht stellt alle Daten bereit, welche zu einem Anliegen erfasst wurden, ergänzend um den Status der Meldung. Vollmer (2017, S. 233) betont die Implementierung einer „Zurück-Funktion", um die Benutzerfreundlichkeit zu erhöhen, wodurch die User einen Fehler schnell erkennen und somit beheben können. Auf jeder Bildschirmseite besteht über eine solche Funktion oder die Navigationsschublade die Option, zu der vorherigen Seite oder der Startseite zu gelangen. Dies geschieht beispielsweise bei der Neuanlage eines Anliegens über ein Pfeil-Icon oder bei der Übersicht der eigenen sowie aller Anliegen über die Navigationsschublade, welche über das Menü-Icon aufrufbar ist, welches ebenso wie das Pfeil-Icon in der oberen linken Ecke zu finden ist.

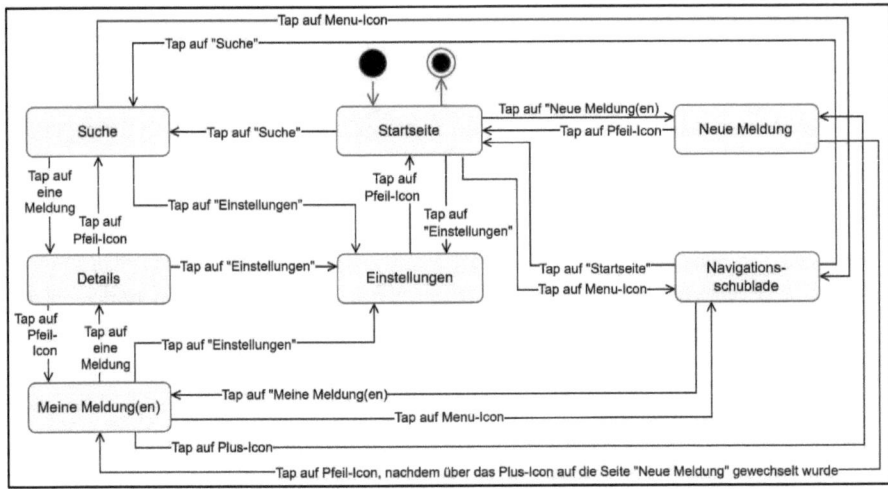

Abbildung 2: UML-Zustandsdiagramm. Quelle: Eigene Darstellung.

2.3.2. Grafisches Design

Das grafische Design einer mobilen App umfasst zunächst Gestaltungsrichtlinien, welche Farben, Schriften, ein Logo und die Bildwelt umfassen (Vollmer, 2017, S. 121–122). Die Farben der App orientieren sich an der Plattform Klarschiff.HRO und dem Logo der Hanse- und Universitätsstadt Rostock. Diese wurden sowohl im Logo der App als auch auf den einzelnen Seiten eingearbeitet. Die Schriftart wurde nicht explizit verändert und die Bildschirmseiten wurden allesamt in einem ähnlichen Stil bereitgestellt, sodass eine hochwertige User Experience gewährleistet werden kann. Die innerhalb der App verwendeten Icons, welche von Material Designed Icons bezogen wurden, wurden mit denselben Anpassungen in das Projekt eingebunden. Aufbauend auf den Gestaltungs-richtlinien wurde ein visuelles Konzept entwickelt. Anhand eines High-Fidelity-Prototyps, welcher einem realistischen Konzept entspricht und das fertige System wiederspiegelt, wird die grafische Gestaltung der App detailgetreu demonstriert (Vollmer, 2017, S. 130). Tabelle 2 zeigt zur besseren Übersicht lediglich die Startseite sowie jene Bildschirmseite zur Erstellung einer neuen Meldung und der Suche aller vorhandenen Meldungen. Anhand der Schaubilder ist ersichtlich, dass die Schrift und Elemente wie Buttons, Eingabefelder und Icons über alle Benutzeroberflächen hinweg identisch gestaltet wurden. Auch die Farben wurden einheitlich verwendet und so wurde der Hintergrund zur Einfachheit in der Farbe Weiß oder auf dem blauen Hintergrund (Hex-Farbcode #006CB7) für die Schrift und Icons die Farbe Weiß gewählt.

Startseite	Neue Meldung	Suche

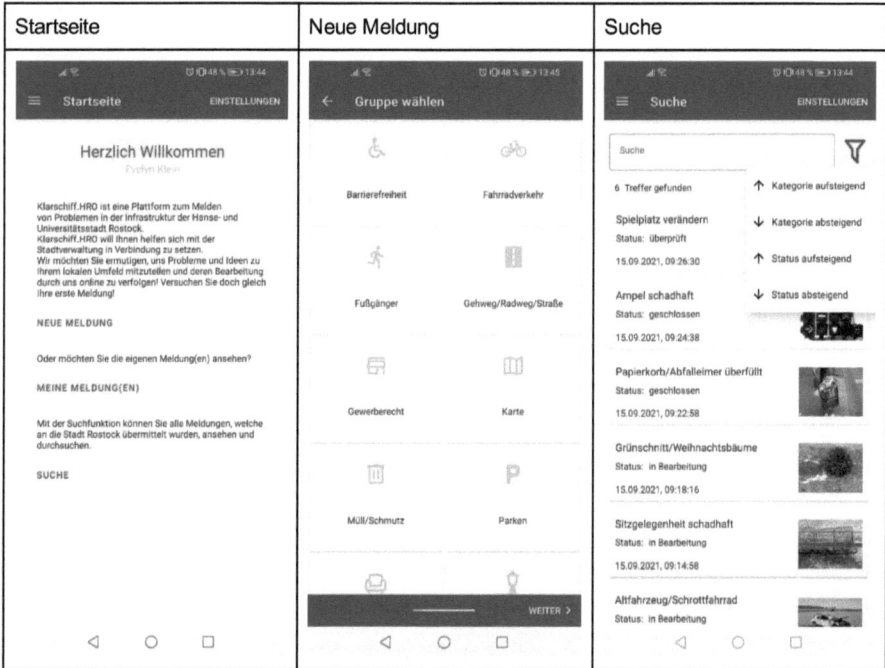

Tabelle 2: Grafisches Design. Quelle: Eigene Darstellung.

2.4. Phase 3 – Implementierung

In der Implementierungsphase wird die fachlich, visuell und technisch konzipierte App programmiert, wodurch aus der konzeptionellen Lösung durch Programmierung einzelner Komponenten eine lauffähige mobile Anwendung entsteht (Vollmer, 2017, S. 207). Innerhalb des Projekts wird hierbei eine Dokumentation der Programmierung erstellt sowie der Test der Anwendung beschrieben.

2.4.1. Dokumentation der Programmierung

Für die Entwicklung der App wurde in Android Studio ein neues Projekt mit dem Namen „Open311 – Klarschiff" angelegt. Bei der Anlage des Projekts wurden die Programmiersprache Java und die Android-Version 7.0 als Minimum API-Level gemäß der entsprechenden nicht-funktionalen Anforderung aus Kapitel 2.2.2. ausgewählt.

Klarschiff.HRO ermöglicht die Nutzung von API-Erweiterungen nach dem sogenannten CitySDK Smart Participation Standard (Hanse- und Universitätsstadt Rostock, 2022a). Dabei handelt es sich um ein Service Development Kit (SDK), welches eine Reihe von harmonisierten Programmierschnittstellen für die Entwicklung digitaler Dienstleistungen in europäischen Städten bereitstellt (Kantola, 2016, S. 2). Mit der CitySDK Issue Reporting API können Problemberichte zusammen mit Bildern und Ortsangaben von externen Diensten direkt an das Feedbacksystem einer Stadt gesendet werden. Die API basiert auf dem am weitesten verbreiteten Standard für diesen Zweck, der Open311-Technologie, und kann für die Meldung einer Vielzahl verschiedener Arten von Problemen verwendet werden (Kantola, 2016, S. 3). Der API-Schlüssel und der damit einhergehende Schreibzugriff wurde per E-Mail angefordert. Die erhaltene E-Mail umfasste einen API-Key für das Demosystem, auf welches sowohl Lese- als auch Schreibrechte gewährt werden. Die Inhalte werden jedoch in der Nacht zurückgesetzt, um Missbrauch zu vermeiden. Auch für das Produktivsystem wurde ein API-Key bereitgestellt, allerdings nur mit Leserechten. Daher wurde für das Projekt das Demosystem genutzt.

Für die Ortsangabe und -anzeige der Anliegen wird Google Maps mithilfe eines API-Schlüssel für das Maps SDK for Android genutzt. Dieser eindeutige Schlüssel, welcher über die Google Maps Plattform erstellt wurde, dient der Authentifizierung des Projekts für Nutzungs- und Abrechnungszwecke (Google Developers, 2022a).

Eine lokale Datenbank wurde mithilfe der Persistenzbibliothek Room erzeugt. Room bietet eine Abstraktionsschicht über SQLite, um einen flüssigen Datenbankzugriff zu ermöglichen und gleichzeitig die volle Leistungsfähigkeit von SQLite zu nutzen. Room besteht dabei aus drei Hauptkomponenten. Die Datenbankklasse, welche die Datenbank enthält, dient als Hauptzugriffspunkt für die zugrunde liegende Verbindung zu den persistierten Daten der Anwendung. Datenentitäten hingegen stellen die Tabellen in der Datenbank dar. Datenzugriffsobjekte, im Englischen Data Access Objects (DAOs), stellen die Methoden bereit, mit denen die App Daten in der Datenbank abfragen, aktualisieren, einfügen und löschen kann (Google Developers, 2022c). Ein solches DAO innerhalb der App ist beispielsweise das Java Interface MyServiceRequestDao, mit welchem die eigenen Meldungen selektiert werden können sowie ein neu gemeldetes Anliegen in die Datenbank geschrieben werden kann.

In Hinblick auf das interaktive Design der App wurden, wie der mittleren und rechten Spalte der Tabelle 2 zu entnehmen ist, Container eingesetzt. Android bietet mit der CardView-API eine einfache Möglichkeit, Informationen innerhalb von Karten anzuzeigen, welche plattformübergreifend ein einheitliches Aussehen haben (Google Developers, 2022b). Daher wurden die Container für die Anzeige der eigenen Anliegen sowie zur Ansicht der verschiedenen Service-Gruppen genutzt.

2.4.2. Test

Während der Implementierungsphase sollte eine mobile Anwendung ständig unter realen Bedingungen getestet werden, um die höchste Qualität des Quellcodes zu erreichen (Vollmer, 2017, S. 207). Innerhalb des Projekts fanden kontinuierlich funktionale und manuell durchgeführte Tests der Integration und Benutzbarkeit statt. Ein manueller Test der Funktionen auf Basis der in Kapitel 2.2.2. definierten funktionalen Anforderungen und aller in Abbildung 2 dargestellten Interaktionen wurde auf einem eigenen mobilen Endgerät mit Android nach jeder funktionalen Entwicklung getestet. Neben der Funktionalität wurden auch Texte, Grafiken, Inhalte, Buttons, genauer die Lesbarkeit und Verständlichkeit jener untersucht. Es wurden auch etwaige Fehlermeldungen analysiert, beispielsweise, wenn bei der Meldung eines Anliegens keine Beschreibung in dem dafür vorgesehenen Feld verfasst wurde.

Vor dem Go-live wurde ein letzter großer Test aller Funktionen durchgeführt. Die mobile App erfüllt alle in Kapitel 2.2.2. definierten funktionalen und nicht-funktionalen Anforderungen. Dazu gehört, dass auf dem Demosystem der Plattform Klarschiff.HRO über die mobile Anwendung Anliegen erstellt und abgeschickt werden können und diese über die entsprechenden Bildschirmseiten einsehbar sind. Auch die Suche, Sortierung und generelle Einsichtnahme aller auf dem Demosystem hinterlegten Meldungen funktioniert einwandfrei. Für den Test stand kein mobiles Endgerät mit einer Android-Version 7.0 zur Verfügung, die App konnte lediglich mit der Version 10 getestet werden und war auf dem Endgerät voll funktionsfähig. Auch wenn dieser Aspekt keine spezifizierte Anforderung darstellt, kann die Benutzeroberfläche den Orientierungswechsel bei einer Rotation des mobilen Endgeräts verarbeiten. Auch wurde die App einfach und selbsterklärend gehalten sowie bei fehlerhaften oder fehlenden Eingaben erscheinen entsprechende Hinweise, welche für den User verständlich beschrieben sind und eine Anpassung ermöglichen. Zudem wurden alle in Abbildung 2 dargestellten Interaktionen getestet. Über die Navigationsschublade gelangen User auf die Startseite, zu den eigenen und allen Meldungen. Diese drei Bildschirmseiten bieten wiederum die Möglichkeit, die Navigationsschublade über das Menü-Icon zu bedienen. Auch die Einstellungen für die Verwaltung des Vor- und Nachnamens, der E-Mail-Adresse sowie der Telefonnummer sind entsprechend der Abbildung 2 aufrufbar. Somit wurde der finale Test erfolgreich abgeschlossen, da alle Anforderungen vollumfänglich erfüllt wurden.

2.5. Phase 4 – Go-live

Ein Go-live bezeichnet die Veröffentlichung und Inbetriebnahme der App, sodass diese installiert und damit verwendet werden kann (Vollmer, 2017, S. 261). Im Folgenden wird der Prozess des Go-live einer App beschrieben sowie die Umsetzung dieser Phase im Rahmen des Projekts.

Da die mobile Anwendung mit Android Studio entwickelt wurde, wird diese zunächst bei Google Play veröffentlicht. Hierzu wird, wie bereits in Kapitel 2.2.4. erläutert, ein kostenpflichtiges Entwicklerkonto benötigt, welches angelegt und die Kosten dafür beglichen wurde. Über die Play Console wurde eine App erstellt, die Standardsprache Deutsch eingestellt sowie der Name „Open311 – Klarschiff" vergeben. Nach der Definition, ob jene App kostenfrei oder kostenpflichtig ist, und der Bestätigung einiger Erklärungen, ist eine App erstellt, bedarf jedoch noch einer Einrichtung. Über Android Studio kann ein Android App Bundle erstellt werden, welches im Rahmen eines Release über die Console hochgeladen wird. Dabei ist zu beachten, dass der Paketname auf Einzigartigkeit geprüft wird (Google, 2022a).

Diese Schritte wurden im Rahmen des Projekts vollzogen. Die weiteren Schritte der Veröffentlichung im Play Store wie der Konfiguration von Einstellungen sowie die Vorbereitung der App auf die Überprüfung wurden nicht durchgeführt. Begründungen hierfür werden in der Projektevaluation betrachtet.

3. Projektevaluation

Zum Ende eines Projekts werden im Rahmen einer Projektevaluation die Ergebnisse ausgewertet, die Wirksamkeit und der Nutzen der App überprüft sowie das gesamte Projekt und die Ergebnisse detailliert reflektiert.

Das ursprüngliche Ziel dieses Projekts war es, innerhalb von acht Wochen eine mobile Anwendung für Rostock zu konzipieren und zu entwickeln, mit welcher den Bürgerinnen und Bürgern der Stadt ein Meldeportal für Anliegen bereitgestellt werden soll. Die Open311 – Klarschiff App wurde erstellt und die Bevölkerung kann sowohl bereits gemeldete Anliegen an die Stadt einsehen, filtern und durchsuchen als auch neue Anliegen melden und hierbei verschiedene Service-Gruppen und Service-Kategorien auswählen sowie einen Ort, eine Beschreibung eingeben und optional ein Foto hinzufügen. Somit wurde das Projektziel der Konzeption und Entwicklung vollumfänglich erfüllt. Die App wurde allerdings nicht produktiv gestellt, wodurch nicht festgestellt werden kann, ob die mobile Anwendung die Bedürfnisse der angesprochenen Zielgruppe erfüllt und genutzt wird. Für eine vollumfängliche Inbetriebnahme ist es notwendig, den API-Key der Klarschiff.HRO-Plattform auf das Produktivsystem umzustellen und nicht mehr auf das Demosystem zuzugreifen. Aufgrund dessen, dass keine Schreibrechte auf das Produktivsystem gewährt werden, wurde die App nicht vollständig über die Play Console hochgeladen und im Play Store veröffentlicht.

Bezüglich des Projektverlaufs ist anzumerken, dass die Aufteilung des Projekts in vier Projektphasen sinnvoll war. Durch diese Einteilung war während des gesamten Projekts ersichtlich, wie weit fortgeschritten das Projekt war. Darüber hinaus wurden drei der acht Wochen in die Initiierung und Konzeption des Projekts investiert. Dies hatte den Vorteil, dass die umzusetzenden Anforderungen bereits während der Umsetzungsphase detailliert beschrieben waren und somit keine Rückfragen aufkamen. Dennoch war der Terminplan sehr eng bemessen, sodass insbesondere die ausreichende Vorbereitung für den Go-live nicht möglich war. Für künftige Projekte sollte daher mehr Zeit für die Entwicklung eingeplant werden, da die Gefahr vor einer fehlerhaften und nicht den Anforderungen entsprechenden Umsetzung hoch ist.

Ein endgültiges Urteil über den Projekterfolg kann erst abgegeben werden, wenn sich die App im produktiven Betriebszustand befindet. Um den Erfolg des Projekts messen zu können, sollte vor dem Go-live der Zielwert definiert werden und die Einführung hinsichtlich der Nutzerzahlen als Erfolg gewertet werden. Des Weiteren sind Werbemaßnahmen für die App maßgebend für den Projekterfolg, welche dafür sorgen, dass das Vorhandensein der mobilen Anwendung den Bürgerinnen und Bürgern von Rostock bekannt gegeben wird und diese dadurch über das eigene mobile Endgerät ein Anliegen einfach und zeiteffizient melden und anschließend den Status des Anliegens einsehen können. Solche Werbemaßnahmen müssen allerdings umfassend geplant und im Projektbudget berücksichtigt werden.

Literaturverzeichnis

Bea, F. X., Scheurer, S. & Hesselmann, S. (2020). *Projektmanagement* (3. vollständig überarbeitete und erweiterte Aufl.). UVK.

Drews, G., Hillebrand, N., Kärner, M., Peipe, S. & Rohrschneider, U. (2021). *Praxishandbuch Projektmanagement* (3. Aufl.). Haufe-Lexware.

Glinz, M. (2020). *CPRE Glossar 2.0: Wörterbuch der Requirements Engineering Terminologie.* https://www.ireb.org/de/cpre/cpre-glossary/

Google. (2022a). *App erstellen und einrichten.* https://support.google.com/googleplay/android-developer/answer/9859152?hl=de#

Google. (2022b). *Informationen zur Servicegebühr von Google Play.* https://support.google.com/googleplay/android-developer/answer/11131145?hl=de#zippy=%2Cwarum-berechnet-google-play-eine-servicegeb%C3%BChr%2Cwie-hoch-ist-die-servicegeb%C3%BChr

Google. (2022c). *Die Play Console verwenden.* https://support.google.com/googleplay/android-developer/answer/6112435?hl=de#zippy=

Google Developers. (2022a). *API-Schlüssel verwenden.* https://developers.google.com/maps/documentation/android-sdk/get-api-key

Google Developers. (2022b). *Create a card-based layout.* https://developer.android.com/guide/topics/ui/layout/cardview

Google Developers. (2022c). *Save data in a local database using Room.* https://developer.android.com/training/data-storage/room

Hanse- und Universitätsstadt Rostock. (2022a). *API.* https://www.klarschiff-hro.de/client/static/api

Hanse- und Universitätsstadt Rostock. (2022b). *Einfach mitmachen – Gemeinsam für unser Rostock!* https://www.klarschiff-hro.de/client/

Kantola, J. (2016). *CitySDK Cookbook.* https://forumvirium.fi/en/publication/citysdk-cookbook-2016/

Neumann, O. & Mettler, T. (2021). Offene Verwaltungsdaten zur Wirkung bringen: Was sind die Schlüssel zum Erfolg? *HMD Praxis der Wirtschaftsinformatik, 58*(5), 1092–1107. https://doi.org/10.1365/s40702-021-00762-8

Open311. (o. D.). *What is Open311?* https://www.open311.org/learn/

Open311. (2016). *GeoReport v2.* http://wiki.open311.org/GeoReport_v2/

Organisation for Economic Co-operation and Development. (o. D.). *Open Government Data.* https://www.oecd.org/gov/digital-government/open-government-data.htm

Patzak, G. & Rattay, G. (2018). *Projektmanagement: Projekte, Projektportfolios, Programme und projektorientierte Unternehmen* (7. Aufl.). *Linde international.* Linde.

Project Management Institute. (2017). *A Guide to the Project Management Body of Knowledge (PMBOK® Guide)–Sixth Edition (GERMAN)* (Sechste Ausgabe). Project Management Institute. http://search.ebscohost.com.pxz.iubh.de:8080/login.aspx?direct=true&db=nlebk&AN=1683446&lang=de&site=eds-live&scope=site&ebv=EB&ppid=pp_512

Vollmer, G. (2017). *Mobile App Engineering: Eine systematische Einführung - von den Requirements zum Go Live.* dpunkt.

BEI GRIN MACHT SICH IHR WISSEN BEZAHLT

- Wir veröffentlichen Ihre Hausarbeit,
  Bachelor- und Masterarbeit

- Ihr eigenes eBook und Buch -
  weltweit in allen wichtigen Shops

- Verdienen Sie an jedem Verkauf

Jetzt bei www.GRIN.com hochladen
und kostenlos publizieren